산상수훈
묵상집

산상수훈 묵상집

김성훈 지음

예수님이 말씀하신 하나님 나라

좋은땅

늘 주님이시라면 어떤 선택을 하셨을까,를
생각하며 하루하루 살았습니다.
이 책을 주님의 은혜가 필요한
모든 사람들께 드립니다.

추천사

예수 믿는 것을 맛에 비할 수는 없습니다만, 우리가 예수 믿는 것을 굳이 맛에 비긴다면, 맛이 있어서 그 어느 맛에도 비교할 수 없어서 다른 맛과는 상대가 되지 않아서 믿는 것입니다.

왜 하필이면 예수입니까? 그를 믿으면 살기 때문입니다. 그를 믿으면 행복하기 때문입니다. 그는 나와 함께 하시기 때문입니다. 그는 나를 떠나지 않기 때문입니다. 그는 나를 지키고 인도하시기 때문입니다. 그는 나의 모든 것이 되시기 때문입니다.

오늘 이 모든 것들이 바로 이 책 속에 담겨 있기에 진정 감사한 마음으로 이 책을 추천하면서, 많은 사람들이 주님을 더욱 뜨겁게 만날 수 있기를 바랍니다.

미국 인터내셔널 리폼드 대학교

International Reformed University & Seminary

부총장 오모세 박사

차례

마태복음 5장

마태복음 6장

마태복음 7장

마태복음 5장

예수께서 무리를 보시고 산에 올라가 앉으시니
제자들이 나아온지라
입을 열어 가르쳐 이르시되
심령이 가난한 자는 복이 있나니 천국이 그들의 것임이요
(마태복음 5:1~3)

하나님의 심령이 우리 안에 임재하시면 하나님의 심령으로 마음 아파하는 마음으로 그 사람을 바라보게 되고, 그 마음을 상대방에게 전달하려 애쓰게 됩니다. 하나님의 마음을 전달하려 애쓰는 마음, 그것이 심령이 가난한 사람들입니다. 천국은 그런 사람의 것입니다.

나의 묵상

____

____

____

____

애통하는 자는 복이 있나니
그들이 위로를 받을 것임이요
(마태복음 5:4)

마음속의 사랑의 공간, 사랑의 통, 그것이 애통입니다. 마음속의 공간을 하나님의 사랑의 공간으로 채우는 사람들은 하늘의 복이 임합니다. 그들은 진정으로 하늘의 위로를 받을 것입니다.

나의 묵상

____

____

____

____

온유한 자는 복이 있나니
그들이 땅을 기업으로 받을 것임이요
(마태복음 5:5)

하나님의 온유한 성품은 하나님의 것입니다. 그래서 온유하신 성품을 가지신 하나님이 하늘나라 전체 땅의 소유자이십니다. 하나님의 온유하신 성품이 사람에게 임하면 그 온유한 성품을 가진 자는 이 땅을 하나님 나라로 만들어 갈 수 있는 사람이 됩니다. 그래서 이 땅도, 하나님 나라도 기업으로 받게 됩니다. 온유한 자는 이 땅을 하나님 나라로 지경을 넓혀가는 자입니다. 세상 사람들을 하나님의 사람으로 만들어 가는 것이 바로 지경을 넓히는 것입니다.

나의 묵상

____

____

____

____

의에 주리고 목마른 자는 복이 있나니
그들이 배부를 것임이요
(마태복음 5:6)

하나님의 사랑이신 그 의를 알고 싶고, 항상 그 의를 알고 싶어 배고프고 목마른 자는 하늘의 복이 임한 것입니다. 그들은 하나님의 그 '사랑의 의'로 영적인 배부름과 이 땅을 살아가는 모든 곳에서 굶주리지 않고 배부를 것입니다.

나의 묵상

____

____

____

____

긍휼히 여기는 자는 복이 있나니
그들이 긍휼히 여김을 받을 것임이요
(마태복음 5:7)

누구를 긍휼히 여긴다는 것은 우리를 긍휼히 여기셔서 이 땅에 오신 예수 그리스도의 긍휼하심을 본받는 것입니다. 십자가 사랑을 전해 받은 우리가 아직 십자가 사랑을 모르는 세상 사람들에게 예수님의 십자가의 긍휼하신 성품으로 바라봐 주고 그 십자가 사랑을 행하면, 한없는 긍휼하심으로 언제나 우리를 바라봐 주시는 예수님의 그 긍휼하심이 언제까지나 떠나지 않는다는 말씀입니다.

나의 묵상

____

____

____

____

마음이 청결한 자는 복이 있나니
그들이 하나님을 볼 것임이요
(마태복음 5:8)

흔히들 사람들은 하나님이 어디 있냐고들 합니다. 어디에 존재하고 어디에 보이냐고들 합니다. 하나님은 우리 생각과 마음속에 존재합니다. 하나님의 청결한 마음을 우리가 느끼고 우리도 그렇게 청결한 마음을 가진다면 그것은 영으로 존재하는 하나님을 우리가 영으로 느끼고 본다는 말씀입니다. 비록 육신의 눈으로는 보이지 않지만, 청결한 마음을 가진 자는 하나님을 느끼고 보는 것입니다. 그리스도인으로서 그것보다 더한 복은 없을 것입니다.

나의 묵상

____

____

____

____

화평하게 하는 자는 복이 있나니
그들이 하나님의 아들이라 일컬음을 받을 것임이요
(마태복음 5:9)

예수님은 모두를 공평하게 대하셨습니다. 남녀노소, 가진 자와 가난한 자, 어린아이와 어른, 죄를 지은 자들도 똑같이 공평하게 대하셨습니다. 똑같이 하나님 나라에 대해서 알려주고 그들에게도 기회를 주셨습니다. 똑같이 하나님의 자녀가 될 수 있게 기회를 주셨습니다. 하나님께서 우리와 화평하신 것처럼 우리도 사람에게 똑같이 공평하고 화평하게 대하면 누구라도 하나님의 말씀을 지키는 하나님의 아들이라 할 수 있을 것입니다.

나의 묵상

____

____

____

____

의를 위하여 박해를 받은 자는 복이 있나니
천국이 그들의 것임이라
(마태복음 5:10)

하나님의 의로움을 행하다 보면 세상 사람들의 많은 괴롭힘과 박해를 받게 될 것입니다. 그것은 하나님의 의로움과 세상을 살아가는 의로움이 서로 다르기 때문입니다. 하나님의 의로움은 많은 인내를 요구합니다. 자기의 것을 나누어 주고 세상 속에서 손해를 보는 일이 많습니다. 원수에게도 사랑을 베풀고 세상에서의 삶이 힘들고 고되더라도 예수님의 그 의로움을 지켜 나가야 되기 때문입니다. 하지만 그것이 천국에서의 의로움입니다. 천국은 하나님의 의로움을 행하는 사람들의 것입니다.

나의 묵상

____

____

____

____

나로 말미암아 너희를 욕하고 박해하고 거짓으로 너희를
거슬러 모든 악한 말을 할 때에는 너희에게 복이 있나니
(마태복음 5:11)

　　예수님으로 인한 고난에 대해서 말씀하십니다. 사람들이 하나님의 사람들에게 세상적인 성품으로 함부로 대할 때, 하나님의 사람들은 예수님으로 인한 그 고난들을 기쁘게 받아들이세요. 우리는 하루의 삶을 살아갈 때 수많은 일들을 경험하면서 살아갑니다. 그 수많은 일들을 경험하면서 세상 사람들과 같이 세상적인 선택을 하기보다는 예수님의 사람으로서의 선택을 하길 바랍니다. 조금 손해 보고 조금 힘들더라도 하나님의 성품에 합한 자의 선택을 한다면 그런 사람들에게는 하늘나라의 복이 임할 것입니다.

나의 묵상

____

____

____

____

기뻐하고 즐거워하라 하늘에서 너희의 상이 큼이라
너희 전에 있던 선지자들도 이같이 박해하였느니라
(마태복음 5:12)

우리는 성경을 통해서 선지자들과 믿음의 선배들을 보았습니다. 수많은 고난을 통해서 결국은 하나님의 뜻을 이뤄 나가는 과정들도 보았습니다. 이 땅에서는 큰 상도 없었고 많은 박해를 받았지만 하늘나라의 상이 크다고 하십니다. 기뻐하고 즐거워하라, 고 하십니다. 이 땅에서 하늘나라의 성품대로 살아갈 때 하나님의 뜻이 우리를 통해서 이루어지는 것이니 하나님께서 기뻐하시고 하늘에서 예수님과 함께 사는 큰 상을 주실 것입니다.

나의 묵상

____

____

____

____

너희는 세상의 소금이니 소금이 만일 그 맛을 잃으면
무엇으로 짜게 하리요 후에는 아무 쓸 데 없어 다만 밖에
버려져 사람에게 밟힐 뿐이니라
(마태복음 5:13)

　음식을 만들 때 양념은 각자의 역할을 합니다. 설탕은 단맛을 내고 소금은 짠맛을 내고 각자의 양념은 각자의 역할을 합니다. 하나님의 사람은 세상의 소금이라 하십니다. 소금은 귀한 역할을 합니다. 하나님의 사람이 세상에서 하나님의 사람으로서 빛과 소금 되는 역할을 하지 못한다면 쓸모없어서 사람들에게 밟힐 뿐이라고 하십니다. 세상 사람들도 예수님 믿는 사람들을 바라봅니다. 하나님의 사람이 예수님 믿는 사람으로서 살아가는지 바라봅니다. 만약 그렇지 못한다면 세상 사람들에게 업신여김을 받을 수 있다는 말씀을 성경을 통해서 말씀하십니다. 가정과 직장, 저희가 가는 모든 곳, 저희 발길이 가는 모든 곳에서 하나님의 사람으로서의 소금 역할을 해야겠습니다.

나의 묵상

너희는 세상의 빛이라 산 위에 있는
동네가 숨겨지지 못할 것이요
(마태복음 5:14)

저희가 하나님의 빛 된 존재로서 살아갈 때, 산 위에 있는 동네, 아무리 깊은 곳에 있는 동네, 즉 아무리 어두운 곳이라도 그 어두움이 숨겨지지 않고 다 밝혀질 것이라 하십니다. 세상에는 아무 소망도 희망도 없이 살아가는 사람들이 많습니다. 그 사람들이 바로 산 위에 있는 동네라고 생각합니다. 그들에게 예수님의 복음의 빛을 전해야 합니다. 그래야 그 사람들도 소망과 희망의 빛이 생깁니다.

나의 묵상

____

____

____

____

사람이 등불을 켜서 말 아래에 두지 아니하고 등경 위에
두나니 이러므로 집 안 모든 사람에게 비치느니라
(마태복음 5:15)

저는 이 말씀이 이렇게 묵상이 되었습니다. 하나님의 복음의 빛은 우리만 알고 있어야 되는 게 아닙니다. 세상 모든 사람들에게 전해야 그 빛이 모든 사람들에게 비칩니다. 복음을 전할 때 사람을 가리면 안 됩니다. 아무리 미운 사람도 가난한 사람도 모든 것을 가진 부자도, 똑같이 예수님의 빛이 전해져야 합니다. 그래야 우리 안에만 있던 예수님의 빛이 세상 모든 사람들에게 비칠 수 있습니다.

나의 묵상

____

____

____

____

이같이 너희 빛이 사람 앞에 비치게 하여 그들로
너희 착한 행실을 보고 하늘에 계신 너희
아버지께 영광을 돌리게 하라
(마태복음 5:16)

하나님께서는 사람을 통해서 역사하시고 일하실 때가 많습니다. 하나님께서 역사하시고 일하실 때, 저희를 통해서 예수님의 빛이 전파될 때 많은 사람들이 예수님을 영접하기를 소망합니다. 예수님의 빛이 저희를 통해서 전파될 때, 저희의 행실이 올바른 착한 행실이라면 예수님의 온전한 빛이 전파될 것입니다. 그러면 세상 사람들이 저희 그리스도인들을 통해서 살아계신 하나님께 영광을 돌리게 될 것입니다.

나의 묵상

____

____

____

____

내가 율법이나 선지자를 폐하러 온 줄로 생각하지 말라
폐하러 온 것이 아니요 완전하게 하려 함이라
(마태복음 5:17)

하나님의 율법은 완전합니다. 사랑의 율법이기 때문입니다. 예수님은 율법이나 선지자를 없애시러 오신 분이 아니십니다. 완전한 하나님이신 예수님께서 사랑으로 그 율법을 완성하러 오신 분이십니다. 어떻게 그 율법을 완전하게 하셨습니까? 바로 십자가입니다. 십자가에 친히 죄인들을 위해 매달리셔서 하나님 아버지와 사람들을 위해서 화해의 화목 제사를 치러 주셨습니다. 예수님으로 인해서 율법이 완성되었습니다, 십자가 사랑으로서.

나의 묵상

____

____

____

____

진실로 너희에게 이르노니 천지가 없어지기 전에는
율법의 일점 일획도 결코 없어지지 않고 다 이루리라
(마태복음 5:18)

말씀은 하나님이십니다. 세상이 없어지기 전에 하나님께서 세우신 법, 율법이 없어지지 않고 다 이루신다고 하십니다. 사람들은 어떻게 그것을 하나님이 하시느냐고, 믿지 않는 사람들도 많습니다. 인간적인 생각입니다. 하나님께서는 못 하시는 게 없으신 분이십니다. 사람들은 잘 믿지 않습니다. 하나님께서는 못 하시는 게 아니라 안 하시는 것입니다. 하나님의 때가 되지 않았기 때문입니다. 모든 것은 우리들이 생각하는 인간적인 때가 아니라 만물의 주인이신 하나님의 때에 모든 것이 이루어질 것을 믿습니다. 하나님의 때가 가장 완전하고 완벽한 때이기 때문입니다.

나의 묵상

____

____

____

____

그러므로 누구든지 이 계명 중의 지극히 작은 것 하나라도
버리고 또 그 같이 사람을 가르치는 자는 천국에서 지극히
작다 일컬음을 받을 것이요 누구든지 이를 행하며
가르치는 자는 천국에서 크다 일컬음을 받으리라
(마태복음 5:19)

하나님의 계명은 어느 것 하나도 버릴 게 없습니다. 어느 것 하나도 소홀히 할 것 또한 없습니다. 우리가 예수님을 전할 때, 사랑을 전할 때, 하나님의 성품과 말씀을 전할 때, 우리의 인간적인 생각으로 어느 것은 빠뜨리고 어느 것은 더해서 예수님을 전하면 안 될 것입니다. 그 사람은 예수님보다 여러 가지 상황과 사람의 생각과 눈치를 봐서 그럴 수 있을 것입니다. 하나님께서 크신 분이시고 우리를 지으셨기 때문에 사람의 생각과 마음을 잘 아십니다. 하나님의 생각과 마음과 계명을 하나님의 마음으로 전해야 할 것입니다. 그래야지 하나님께서 천국에서 가장 귀한 하나님 나라 사람이라고 기뻐하실 것입니다.

나의 묵상

내가 너희에게 이르노니 너희 의가 서기관과 바리새인보다
더 낫지 못하면 결코 천국에 들어가지 못하리라
(마태복음 5:20)

하나님의 의는 사람의 의와 다릅니다. 완전히 다릅니다. 하나님의 생각이 높고 더 깊습니다. 하나님의 사람에게는 '예수님의 의'가 있습니다. 그 의로써 우리가 천국에 갈 수 있습니다. 사람에게는 자기 의가 있습니다. 아무리 착해도, 아무리 세상적으로 의롭다고 자기 자신이 생각해도 '예수님의 의'와는 비교 자체가 안 됩니다. 하나님의 사람으로서 나의 나됨은 예수님으로서만 가능합니다. 세상적으로 자기 자신이 옳다고 생각해도 그 사람 안에 예수님이 빠졌다면 '하나님의 의'는 없습니다. 세상적인 의일 뿐입니다. 여러분, 기억하세요. 우리가 천국에 들어갈 수 있는 의는 예수님을 영접하고 예수님을 메시야로 인정하는 것이 '예수님의 의'인 것입니다. 그 의로 천국에 가는 것입니다. 그 삶을 잘 살아내고, 하루하루 예수님과의 동행함이 중요합니다.

나의 묵상

옛 사람에게 말한 바 살인하지 말라 누구든지 살인하면
심판을 받게 되리라 하였다는 것을 너희가 들었으나
(마태복음 5:21)

구약의 여호와 하나님께서는 십계명을 세우셔서 사람
이 지켜야 할 계명을 세우셨습니다. 그 계명 중의 하나인
살인하면 심판을 받게 된다는 말씀입니다.

나의 묵상

____

____

____

____

나는 너희에게 이르노니 형제에게 노하는 자마다 심판을
받게 되고 형제를 대하여 라가라 하는 자는
공회에 잡혀가게 되고 미련한 놈이라 하는 자는
지옥 불에 들어가게 되리라
(마태복음 5:22)

형제에게 사랑을 베풀라는 말씀으로 묵상이 되었습니다. 화내지 말고 사랑으로써 대하고 귀히 여기라는 말씀입니다. 형제는 우리 가족만 형제가 아닙니다. 어느 곳에 가든지 모든 사람을 형제라고 생각해야 합니다. 그 사람을 존귀하게 여기고 예수님같이 대하라는 말씀입니다. 그 사람이 지위가 높고 낮음에 관계없이 사람을 차별하지 말고 하나님의 사람으로서 대하셔야 합니다. 만약에 사람을 차별하고 함부로 대하면 예수님께서 나중에 '왜 그때 그랬는지' 물어보실 때가 있을 것입니다. 나중에 예수님께서 물어보실 때 책망 당하지 않게 모든 사람을 공평하게 사랑으로써 대해야 하겠습니다.

나의 묵상

그러므로 예물을 제단에 드리려다가 거기서 네 형제에게
원망들을 만한 일이 있는 것이 생각나거든
(마태복음 5:23)

　우리는 하나님의 사람으로서 하나님께 마땅히 드려야
할 예물이 있습니다. 교회에 가서 헌금하거나 하나님께
서 어떤 마음을 주셔서 사람들을 도울 때 혹시나 내가 지
나쳐 버린 일은 있지 않은지, 기도해 보고 생각해 봐야 합
니다. 나는 기억 못해도 내가 형제에게 도움을 못 준 적이
있어서 나를 원망하고 있지는 않은지, 기도해 보고 생각
해 보라는 뜻입니다.

나의 묵상

____

____

____

____

예물을 제단 앞에 두고 먼저 가서 형제와 화목하고
그 후에 와서 예물을 드리라
(마태복음 5:24)

내가 하나님의 사람으로서 사람들에게 본이 되지 못하고 예수님의 빛이 되지 못했다면, 먼저 그 사람에게 다가가서 하나님의 사람으로서 화목한 다음에 예물을 드리면 하나님께서 더 기뻐하실 것입니다.

나의 묵상

____

____

____

____

너를 고발하는 자와 함께 길에 있을 때에 급히 사화하라
그 고발하는 자가 너를 재판관에게 내어 주고
재판관이 옥리에게 내어 주어 옥에 가둘까 염려하라
(마태복음 5:25)

모든 사람과 평화롭게 사이좋게 지내는 것은 참 힘든 일입니다. 하지만 하나님께서는 우리가 화목하게 지내지 못하는 그 사람이 우리의 생각과 마음을 괴롭히고 우리에게 아픔을 줄까, 걱정하는 마음이십니다. 힘들겠지만, 하나님의 사람답게 사과하고 배려하고 그 사람을 존중해 주라는 말씀입니다. 그렇지 않고 그 사람과 화해하지 않고 그렇게 지내다가 그 사람이 우리에게 가장 큰 아픔이 될까, 걱정하십니다. 하나님의 사람답게 마음의 평안을 이루시고, 모든 사람과 화목하게 지내세요.

나의 묵상

____

____

____

____

진실로 네게 이르노니 네가 한 푼이라도 남김이 없이
다 갚기 전에는 결코 거기서 나오지 못하리라
(마태복음 5:26)

하나님의 사람답게 마음의 먼지가 없어야 합니다. 우리가 아파하는 그 사람 때문에, 우리가 원망하는 그 사람 때문에 우리 마음속에 먼지가 더 커질 것입니다. 그러면 우리 마음속에 하나님 아닌 다른 것이 가득 차게 될 것입니다. 모든 아픔, 모든 마음과 생각들, 예수님께 맡기고 주님의 사람으로서 승리하서야 됩니다.

나의 묵상

____

____

____

____

또 간음하지 말라 하였다는 것을 너희가 들었으나
(마태복음 5:27)

구약의 여호와께서 세우신 계명 중의 하나인 간음하지 말라는 말씀을 저희가 듣고 알고 있습니다.

나의 묵상

____

____

____

____

나는 너희에게 이르노니 음욕을 품고 여자를 보는 자마다
마음에 이미 간음하였느니라
(마태복음 5:28)

예수님께서 두 마음을 품지 말라고 하십니다. 간음은 여자를 보고 음욕을 품는 것도 간음이라고 할 수 있습니다. 다른 뜻으로는 하나님만 사랑하고 세상에 마음을 너무 두지 말라는 말씀입니다. 하나님을 먼저 사랑하라는 말씀입니다. 예수 사랑!

나의 묵상

____

____

____

____

만일 네 오른눈이 너로 실족하게 하거든 빼어 내버리라
네 백체 중 하나가 없어지고 온 몸이 지옥에
던져지지 않는 것이 유익하며
(마태복음 5:29)

세상에서의 삶을 살다 보면 죄가 죄인 줄 모르고 지을 때가 많습니다. 그래서 예수님을 영접하고 성경을 읽으면서 분별할 수 있는 영적 지혜가 필요합니다. 그래야 세상 속에서의 삶을 하나님의 지혜로 이겨나갈 수 있습니다. 인간적인, 세상적인 생각과 시선으로 볼 때는 죄가 아닌 것 같아도 예수님의 생각과 성품과 시선으로 봤을 때 죄인 경우가 많습니다. 우리는 언젠가 이 땅을 떠나 하나님 품에 안길 때가 있을 것입니다. 지금은 우리가 막연하게 어렴풋이 예수님이 좋은 분이라고만 알 수도 있을 것입니다. 그러나 언젠가 예수님 품에 안겼을 때, 그때가 되면, 정말 하나님이 너무 좋으신 분이라는 것을 알 수 있을 것입니다. 그때를 위해서 예수님의 성품으로 세상을 이겨내고 하루하루 주님의 마음으로 살아가야겠습니다.

나의 묵상

또한 만일 네 오른손이 너로 실족하게 하거든 찍어
내버리라 네 백체 중 하나가 없어지고 온 몸이 지옥에
던져지지 않는 것이 유익하니라
(마태복음 5:30)

오른손이 하는 일을 왼손이 모르게 하라는 말씀이 있습니다. 선한 일을 도모하고 행할 때나 남에게 베풀 때 해당하는 말씀인데, 이 말씀은 그와는 완전 반대의 말씀입니다. 오른손이 나쁜 일을 했을 때 찍어 내버리라, 하십니다. 죄에 대한 경각심을 가지라고 말씀하십니다. 우리는 하루의 삶 속에서 얼마나 오른손을 찍어 내버리고 있을까요? 날마다 주님의 삶을 본받으면서 죄를 짓지 않는 오른손이 되기를 매일 매일 기도합니다.

나의 묵상

____

____

____

____

또 일렀으되 누구든지 아내를 버리려거든
이혼 증서를 줄 것이라 하였으나
(마태복음 5:31)

구약의 여호와 하나님께서 세우신 법입니다.

나의 묵상

____

____

____

____

나는 너희에게 이르노니 누구든지 음행한 이유 없이
아내를 버리면 그로 간음하게 함이요 또 누구든지
버림받은 여자에게 장가드는 자도 간음함이니라
(마태복음 5:32)

　하나님의 사람으로서 지켜야 할 정절과 정결을 말씀하십니다. 우리는 그리스도인으로서 예수 그리스도의 신부입니다. 예수님이 우리의 남편이라면 우리는 다른 남편, 다른 신랑이 있을 수 없습니다. 예수님을 버리고 다른 우상, 다른 신을 섬기는 것도 간음이고 그 우상과 그 신도 간음입니다. 예수님의 저희의 남편이라면 정절과 정결을 지켜야 합니다. 언제나 변함없는 마음과 신앙으로 하나님을 사랑하는 믿음과 신앙을 지켜냅시다. 예수님 아닌 다른 남편이 나에게는 무엇인지 묵상해 봅시다. 그것이 돈인지 물건인지 아파트인지 세상에서의 권력인지…….

나의 묵상

또 옛 사람에게 말한 바 헛 맹세를 하지 말고 네 맹세한
것을 주께 지키라 하였다는 것을 너희가 들었으나
(마태복음 5:33)

우리는 하나님의 이름을 너무 헛되이 여길 때가 많습니
다. 지금 하는 일을 '하나님, 잘 되게 해 주시면 제가 하나
님께 이것을 해 드리겠다'고. 하나님은 우상이 아닙니다.
하나님께서 우리에게 무엇을 해 줘야 우리가 하나님께 뭘
해 드리는 게 아닙니다. 그냥 하나님께서 우리를 지으셨
기 때문에, 그 분께서 우리가 어떤 길을 가야 가장 좋은 길
인 것을 알기 때문에 그분을 신뢰하고 사랑하는 것입니
다. 우리가 하나님께 해야 할 맹세는 영원히 하나님을 사
랑하고 신뢰하는 것입니다.

나의 묵상

____

____

____

____

나는 너희에게 이르노니 도무지 맹세하지 말지니
하늘로도 하지 말라 이는 하나님의 보좌임이요
(마태복음 5:34)

저는 하나님께 맹세하지 않습니다. 그냥, 하나님, 제가
어긋난 길로 가지 않게만 도와주시라고 간곡히 기도드립
니다. 그냥 주님께서 저를 버리시지만 않으면 된다고, 그
거 하나면 저는 만족한다고, 주님께 말씀드립니다. "제가
주님께서 원치 않는 길을 갈 때, 하나님 말씀으로 깨달을
수 있는 지혜를 허락해 주세요."라고 기도합니다.

나의 묵상

____

____

____

____

땅으로도 하지 말라 이는 하나님의 발등상임이요
예루살렘으로도 하지 말라 이는 큰 임금의 성임이요
(마태복음 5:35)

세상 어느 곳도, 하늘나라 어느 곳도, 주님 나라 아닌 곳이 없습니다. 주님께서 지으신 이 땅의 이름으로도 주님께서 계신 하늘나라 이름으로도 맹세하지 않겠습니다. 하나님 이름, 예수 그리스도 이름 앞에 순종하며, 이 땅에서도 하늘나라 하나님 계신 곳에도 주님의 이름으로 순종합니다. 모든 것이 하나님 뜻대로만 되게 하소서.

나의 묵상

____

____

____

____

네 머리로도 하지 말라 이는 네가 한 터럭도

희고 검게 할 수 없기 때문이라

(마태복음 5:36)

생각으로도 그 어떤 것으로도 주님께서 인도해 주시는 길로만 가게 하소서. 하나님의 사람은 주님을 떠나서는 아무것도 할 수 없음을 고백합니다.

나의 묵상

____

____

____

____

오직 너희 말은 옳다 옳다, 아니라 아니라 하라 이에서
지나는 것은 악으로부터 나느니라
(마태복음 5:37)

옳으신 분은 주님밖에는 없습니다. 그건, 아니라고 하
실 수 있는 분도 주님밖에 없음을 고백합니다. 주님께서
옳다고 하시면 저희 생각에는 아닌 것 같아도 주님이 옳으
신 것이고, 주님께서 아니라고 하시면 그것 또한 주님이
옳습니다. 하나님께서 하시는 말씀을 저희가 말도 안 된
다고 한다면 그것은 저희의 교만이고 악이 될 것입니다.

나의 묵상

____

____

____

____

또 눈은 눈으로, 이는 이로 갚으라 하였다는 것을
너희가 들었으나
(마태복음 5:38)

구약의 여호와 하나님께서 세우신 율법입니다.

나의 묵상

____

____

____

____

나는 너희에게 이르노니 악한 자를 대적하지 말라
누구든지 네 오른편 뺨을 치거든 왼편도 돌려대며
(마태복음 5:39)

사랑의 완전한 율법을 완성시키신 예수님께서 말씀하셨습니다. 우리가 세상 살면서 의도하지 않게 많은 악인들을 만나게 됩니다. 그런데 그럴 때 우리는 그런 사람들을 대적하고 똑같이 대하는 것이 우리에게 유익이 되지 못합니다. 그들이 미워한다고 똑같이 미워하고, 아프게 한다고 똑같이 아프게 한다면 그리스도의 능력이 우리에게 임하지 않을 것입니다. 악한 자를 대적할 수 있는 분은 하나님뿐입니다. 악한 자가 우리를 아프게 할 때 사랑으로써 왼편 뺨도 돌려대라는 말씀입니다. 그러면 하나님께서 악인을 대적할 것입니다.

나의 묵상

____

____

____

____

또 너를 고발하여 속옷을 가지고자 하는 자에게

겉옷까지도 가지게 하며

(마태복음 5:40)

　우리가 가진 모든 것은 주님으로부터 오는 것임을 고백합니다. 우리의 속옷까지 가지려는 자에게 속옷을 주고 겉옷까지 가져가게 한다면 주님께서 하나님의 방법대로 우리에게 필요한 모든 것을 하나님의 가장 선하신 방법대로 채워 주실 것을 믿습니다.

나의 묵상

____

____

____

____

또 누구든지 너로 억지로 오 리를 가게 하거든
그 사람과 십 리를 동행하고
(마태복음 5:41)

우리는 우리의 길이 있고 세상 사람들은 세상 사람의 길이 있습니다. 하지만 세상 사람이 하나님의 사람인 우리에게 억지로 오 리를 걷게 하려고 하면 십 리를 같이 가줘서 그 사람을 하나님의 사람으로 만들 수도 있습니다. 하나님께서 원하시는 것은 이 땅에서부터의 하나님 나라 확장입니다. 그 사람이 하나님 나라 사람이 된다면 주님의 나라가 한 뼘 더 확장되는 것입니다.

나의 묵상

____

____

____

____

네게 구하는 자에게 주며 네게 꾸고자 하는 자에게
거절하지 말라
(마태복음 5:42)

　　주님은 저희에게 인색하지 않으신 분입니다. 하나님의
사람도 인색하지 않기를 주님이 바라십니다. 하나님께
기도해 보고 주님이 주시는 마음이 있다면 구하는 자에게
주고 꾸고자 하는 자에게 주기를 바라십니다.

나의 묵상

____

____

____

____

또 네 이웃을 사랑하고 네 원수를 미워하라 하였다는 것을
너희가 들었으나
(마태복음 5:43)

사랑하는 사람을 사랑하고 미워하는 자를 미워하는 것은 쉬울 것입니다. 그러나 주님께서는 저희가 하나님의 사람으로서 온전하기를 바라십니다.

나의 묵상

____

____

____

____

나는 너희에게 이르노니 너희 원수를 사랑하며 너희를
박해하는 자를 위하여 기도하라
(마태복음 5:44)

인간적인 생각으로 원수를 사랑하는 것은 힘든 일입니다. 우리가 원수를 사랑하는 것은 우리의 능력이 아니고 예수님께서 우리에게 주시는 하나님의 능력입니다. 하나님께서 우리가 원수를 사랑하고 우리를 박해하는 자를 위하여 기도할 때, 하나님 나라의 놀라운 비밀을 알게 하십니다. 그것은 하나님께서 원하시는 이 땅에서부터의 하나님 나라의 확장입니다. 원수가 세상 나라라면 우리를 박해하는 자가 세상 나라라면, 우리가 그들을 사랑하고 용서하고 그들을 위해서 기도할 때 그들도 세상 나라에서 하나님 나라의 백성이 될 수 있습니다. 하나님께서는 그것을 원하십니다. 하나님 나라의 확장!

나의 묵상

____

____

____

____

이같이 한즉 하늘에 계신 너희 아버지의 아들이 되리니
이는 하나님이 그 해를 악인과 선인에게 비추시며 비를
의로운 자와 불의한 자에게 내려주심이라
(마태복음 5:45)

우리는 예수님을 영접하면 하나님의 아들, 딸이 됩니다. 그러면 우리는 예수님의 성품이 임해서 예수님의 사랑을 전하고 싶어 합니다. 하나님께서는 공평하시고 공의로우신 분이십니다. 하나님께서는 하나님의 자녀와 그렇지 못한 세상 사람들에게 똑같이 공평하시고 공의로우신 분이십니다. 똑같이 햇빛을 비춰 주시고 비를 내려 주십니다. 똑같이 기회를 주시고 똑같이 사랑해 주십니다. 우리가 원수를 사랑하고 우리를 박해하는 자를 위해 기도하고, 그들에게 하나님의 사랑을 깨닫게 하고 그들도 하나님의 자녀가 되면, 그들도 우리와 똑같이 하나님의 자녀가 됩니다. 복음을 그래서 전해야 됩니다. 모두 다 진리를 알기 원하시는 하나님께서 하나님 나라 확장을 원하십니다.

나의 묵상

너희가 너희를 사랑하는 자를 사랑하면 무슨 상이
있으리요 세리도 이같이 아니하느냐
(마태복음 5:46)

세상에서 상을 받는 방법은 여러 가지입니다. 공부를 열심히 해도 상을 받고, 일을 열심히 해도 상을 받습니다. 무엇이든지 열심히 하면 상을 받을 수 있습니다. 하나님께 잘했다고 칭찬받을 수 있는 방법은 무엇일까요? 하나님께서는 세상 사람들과 다른 방법을 말씀하십니다. 세상 사람들은 자기가 사랑하는 사람만 사랑합니다. 자기 아버지, 어머니, 형제자매와 친척들 그리고 자기에게 잘해주는 사람들, 사랑할 수 있는 사람이 한정되어 있습니다. 하나님은 하나님의 사랑으로 모든 사람을 사랑하라 하십니다. 하나님의 사랑은 제한이 없습니다. 세상 사람과 같이 자기가 사랑할 수 있는 사람만 사랑하면 하나님께서 주시는 상을 받을 수가 없습니다. 세상 사람과 같은 사랑의 방식이 아닌 하나님의 방식으로 하나님의 마음으로 사랑합시다. 그래야 하나님께서 기뻐하시는 사랑의 상을 받을 수 있습니다. 그게 바로 예수님의 사랑입니다.

나의 묵상

또 너희가 너희 형제에게만 문안하면 남보다 더하는 것이
무엇이냐 이방인들도 이같이 아니하느냐
(마태복음 5:47)

하나님의 생각과 방식은 세상적이지 않습니다. 세상
사람과 다릅니다. 만약에 하나님이 세상 사람과 똑같은
방식으로 사랑하고 사람들에게 똑같이 한다면 우리는 하
나님을 믿지 않게 될지도 모른다는 생각을 해 봅니다. 우
리는 너무나도 세상 사람들의 방식에 익숙해져 있는지도
모릅니다. 무슨 큰일이 생기면 하나님을 찾기보다는 세
상적인 힘이 있는 사람이나 세상적인 권력 있는 사람이
나 많이 가진 사람들을 찾게 됩니다. 하나님의 사람은 문
제 해결에 있어서 세상 사람과 다른 방식으로 해결하기
를 기도합니다. 하나님께 먼저 묻고, 생각과 마음을 드리
고, 주님께 먼저 그 문제를 올려드리기를 기도합니다. 우
리는 우리에게 잘 대해 주고 우리에게 필요한 사람에게
만 문안하고 찾아가면 안 됩니다. 하나님께 먼저 묻고, 세
상의 육적인 형제자매가 아니더라도 우리를 필요로 하는
곳이 있다면 그 사람들에게 문안하고, 도움의 손길을 뻗
쳐야 합니다.

나의 묵상

그러므로 하늘에 계신 너희 아버지의 온전하심과 같이
너희도 온전하라
(마태복음 5:48)

하나님의 뜻을 행하면 우리도 하나님의 온전하심과 같이 우리도 온전해질 수 있습니다. 사랑하고, 헌신하고, 나누고, 용서하고, 예수님의 성품대로 세상을 살면 하나님의 기뻐하시는 온전한 하나님의 사람이 됩니다.

나의 묵상

____

____

____

____

마태복음 6장

사람에게 보이려고 그들 앞에서 너희 의를 행하지 않도록
주의하라 그리하지 아니하면 하늘에 계신 너희 아버지께
상을 받지 못하느니라
(마태복음 6:1)

　　사람은 영원한 존재가 되지 못합니다. 하나님께서 입김 한 번 불면 사라질 수도 있는 존재입니다. 그 사람에게 잘 보이려고 그 사람에게 비위 맞추려고 사람의 의를 행하지 않도록 주의하라 하십니다. 우리가 살아가는 하루하루는 주님과의 동행이 되어야 합니다. 그 주님께서 주시는 마음과 선한 생각들로 살아가는 것이 나중에 하나님께 칭찬의 상을 받을 수 있는 방법입니다. 사람에게 잘 보이려고 우리 의를 행하다가 하나님께서 주시는 상을 받지 못하는 일이 없도록 해야겠습니다. 주님은 언제나 옳으십니다.

나의 묵상

____

____

____

____

그러므로 구제할 때에 외식하는 자가 사람에게서 영광을
받으려고 회당과 거리에서 하는 것 같이 너희 앞에 나팔을
불지 말라 진실로 너희에게 이르노니 그들은 자기 상을
이미 받았느니라
(마태복음 6:2)

사람의 칭찬과 세상에서의 영광은 하룻밤 달콤한 꿈과 같습니다. 그 하루 동안의 영광밖에는 되지 않는다는 말씀입니다. 그들은 하룻밤의 달콤한 꿈과 같은 세상에서의 영광을 택해서 나팔을 불고 사는 세상 사람들입니다. 하지만 하나님께서 주시는 영광은 다릅니다. 영원한 것입니다. 눈에 보이지는 않지만 하나님께서 우리의 생각과 마음에 계셔서 우리가 하는 모든 것을 바라봐 주시고, 세상에서 사람들이 알아주고 상을 주지는 않지만 하나님께서 주십니다.

나의 묵상

____

____

____

____

너는 구제할 때에 오른손이 하는 것을 왼손이 모르게 하여
(마태복음 6:3)

우리가 하는 모든 선행은 사람이 몰라도 됩니다. 우리를 바라봐 주지 않아도 됩니다. 오히려 모르게 하여 하나님께만 보여 줍시다.

나의 묵상

____

____

____

____

네 구제함을 은밀하게 하라 은밀한 중에 보시는
너의 아버지께서 갚으시리라
(마태복음 6:4)

하나님의 일은 하나님께서 역사하시고 하나님께서 우리를 통해서 일하십니다. 우리에게 선행을 하게 하시면 하나님께서 직접 갚아 주십니다. 지금 당장 어떤 결과가 없더라도 하나님께서는 우리가 행한 하나님의 일을 잊지 않으시고 언젠가 때가 되면 가장 좋은 것으로 갚아 주시는 가장 좋으신 하나님이십니다.

나의 묵상

____

____

____

____

또 너희는 기도할 때에 외식하는 자와 같이 하지 말라
그들은 사람에게 보이려고 회당과 큰 거리 어귀에 서서
기도하기를 좋아하느니라 내가 진실로 너희에게 이르노니
그들은 자기 상을 이미 받았느니라
(마태복음 6:5)

우리가 하는 모든 기도는 하나님께 하는 것입니다. 그 기도는 하나님께서 들으시고 응답을 주시는 것입니다. 사람은 하나님이 아닙니다. 기도는 우리가 우리 마음을 하늘에 올려 드리면 하나님께서 들으시고 하늘에서 내리십니다. 그것이 하나님의 응답입니다. 사람은 기도를 듣고 하나님처럼 하늘에서 내리지 못합니다. 사람에게 들으라고 보이려고 기도하는 것은 자기를 사람 앞에서 뽐내기 위한 것입니다. 그런 사람들은 세상 앞에서 사람 앞에서 이미 자기 상을 받은 자들이라서 하나님의 상은 받지 못합니다.

나의 묵상

너는 기도할 때에 네 골방에 들어가 문을 닫고 은밀한
중에 계신 네 아버지께 기도하라 은밀한 중에 보시는
네 아버지께서 갚으시리라
(마태복음 6:6)

우리가 하나님과 일대일로 만날 수 있는 곳이라면 어디
든 골방이 될 수 있습니다. 주님과 일대일로 만나서 얘기
할 수 있어야 됩니다. 주님과의 관계가 최우선이 되어야
합니다. 그러면 저희의 모든 상황과 마음과 생각을 주님
께만 은밀하게 말씀드릴 수 있습니다. 어느 누구의 방해
도 받지 않아야 됩니다. 저희의 모든 기도는 아버지 하나
님께서 들으시고 저희의 아픔을 위로하시고 상처를 꿰매
어 주시고 모든 상황 속에서 출애굽시켜 주시고 갚아 주
실 것입니다.

나의 묵상

____

____

____

____

또 기도할 때에 이방인과 같이 중언부언하지 말라 그들은
말을 많이 하여야 들으실 줄 생각하느니라
(마태복음 6:7)

하나님께서는 마음의 중심을 봐 주십니다. 많은 말을
하지 않아도 저희의 마음을 봐 주십니다. 진실된 한 마디
말이라도 좋습니다. 진실로 주님께 마음을 드리세요. 그
것이 천 마디 중언부언하는 말보다도 주님께서 더 세밀하
게 들어주십니다.

나의 묵상

____

____

____

____

그러므로 그들을 본받지 말라 구하기 전에 너희에게
있어야 할 것을 하나님 너희 아버지께서 아시느니라
(마태복음 6:8)

하나님께서는 우리에게 가장 필요한 것이 무엇인지 우리가 구하기 전에 아십니다. 왜냐하면 하나님이시기 때문입니다. 하나님께서는 모든 것을 창조하신 분이십니다. 각각 요소요소에 무엇이 필요한지 다 아시고 정확한 위치에 정확한 것을 창조하셨습니다. 우리 인간도 마찬가지입니다. 우리를 지으신 분이 아버지 하나님이시기 때문에 우리에게 가장 필요한 것이 무엇인지 아십니다. 가장 정확한 때, 하나님의 때에 우리가 구하기 전에 필요한 것을 저희에게 주실 것입니다.

나의 묵상

____

____

____

____

그러므로 너희는 이렇게 기도하라 하늘에 계신
우리 아버지여 이름이 거룩히 여김을 받으시오며
(마태복음 6:9)

하나님의 이름이 가장 거룩히 여김을 받아야 합니다. 하나님께서는 자신의 이름이 거룩히 여김을 받기를 원하십니다. 우리가 거룩해질 수 있는 이유는 하나님의 이름으로 거룩해질 수 있습니다. 우리가 무엇을 하든지 하나님의 이름으로 해야 합니다. 우리는 종종 사람들이 시상식에서 상을 받을 때 기독교인들이 이 모든 영광 하나님께서 받길 원한다는 시상 소감을 말하는 것을 봅니다. 그 이유는 하나님만이 거룩한 분이라는 것을 증거하는 것입니다. 하나님께서는 자신의 거룩한 이름을 우리에게, 우리 마음속과 생각 속에 주시고 우리가 하는 모든 일들을 하나님의 거룩한 이름으로 한다는 것을 선포하게 하십니다. 하나님은 거룩하신 분입니다. 우리도 그분의 이름으로 하나님께서 원하시면 거룩해질 수 있습니다, 예수님의 이름으로.

나의 묵상

84

나라가 임하시오며 뜻이 하늘에서 이루어진 것 같이
땅에서도 이루어지이다
(마태복음 6:10)

하나님께서는 하나님 나라가 이 땅에서부터 이루어지기를 바라십니다. 우리가 하나님의 사람으로서 세상 사람들을 하나님의 사람으로 만들어 가면, 하나님의 뜻이 하늘에서 이루어진 것 같이 하나님의 뜻이 이 땅에서도 이루어집니다. 하나님의 나라는 우리 생각과 마음에, 눈에 보이지 않게 임합니다. 하나님의 성품과 마음이 하나님 나라입니다. 하나님의 성품과 마음으로 세상 나라 사람들을 인도하는 것이 이 땅에서 하나님 나라를 확장시켜 나가는 것입니다. 그래서 언젠가 천국에 가면 완전한 하나님 나라가 완성이 됩니다.

나의 묵상

____

____

____

____

오늘 우리에게 일용할 양식을 주시옵고
(마태복음 6:11)

일용할 양식은 입으로만 먹는 양식을 뜻하지는 않습니다. 오늘 하루 살아갈 수 있는 하나님 말씀도 오늘 하루의 일용할 양식입니다. 하나님의 성품과 마음으로 오늘 하루 살아가는 것도 오늘 하루의 일용할 양식입니다.

나의 묵상

____

____

____

____

우리가 우리에게 죄 지은 자를 사하여 준 것 같이
우리 죄를 사하여 주시옵고
(마태복음 6:12)

　주님께서 우리의 지난 세월의 죄를 용서해 주었듯이 우리도 우리에게 아픔을 준 사람들을 용서해 주기를 예수님께서 바라시고 이 기도를 가르쳐 주셨습니다. 우리는 우리에게 아픔을 준 사람의 죄를 인간적으로 용서하기가 참으로 힘듭니다. 예수님의 능력으로 예수님의 이름으로 용서하면 할 수 있습니다. 주님께 그 마음을 달라고 하늘의 것을 달라고 구하면 하나님의 마음으로 용서할 수 있을 것입니다. 예수님께서 우리를 용서해 주었듯이.

나의 묵상

____

____

____

____

우리를 시험에 들게 하지 마시옵고 다만 악에서
구하시옵소서 (나라와 권세와 영광이 아버지께 영원히
있사옵나이다 아멘)
(마태복음 6:13)

세상 속에서 살다 보면 눈에 보이는 아름다운 것들로
마음을 빼앗길 때가 많습니다. 그러나 그것이 우리를 영
원히 행복하게 해 줄 수 없다는 것을 우리는 잘 압니다.
아담과 하와가 선악과를 따먹고 하나님께 범죄했듯이
현시대에도 선악과는 존재합니다. 보암직하고 먹음직
한 세상이라는 선악과가 존재합니다. 세상 것을 욕심내
고 싶고, 하나님께서 허락하시지 않은 쾌락을 누리려 하
지 맙시다. 주님께서 공급해 주시는 아름다운 성품과 마
음과 생각으로, 세상에서 시험받지 않고 악에서 멀리 떠
나는 하나님의 사람이 되어서 주님께만 영광 돌리는 하
나님의 사람이 됩시다. 하나님께 모든 것이 다 있습니다.
우리가 하나님께만 속해 있으면 주님께서 인도해 주실
것입니다.

나의 묵상

너희가 사람의 잘못을 용서하면 너희 하늘 아버지께서도
너희 잘못을 용서하시려니와
(마태복음 6:14)

사람은 자신의 잘못을 잘 모를 때가 많습니다. 하나님께서 그 잘못을 깨닫게 해 주시는 것이 가장 귀한 하나님 나라 복이라고 생각합니다. 그때그때 하나님께서 깨닫게 하시고 바른길로 가게 하시는 것이 우리를 사랑하시는 증거입니다. 우리도 다른 사람의 잘못을 용서하는 이유는 그 사람이 하나님 나라 복을 받게 하고 싶은 이유이기도 합니다. 그 사람을 용서함으로써 저희도 그 사람도 하나님께 용서받고 하나님 나라 복을 받게 합시다.

나의 묵상

____

____

____

____

너희가 사람의 잘못을 용서하지 아니하면 너희
아버지께서도 너희 잘못을 용서하지 아니하시리라
(마태복음 6:15)

우리가 하나님 안에서 자유함을 누리려면 하나님께 공급받는 아름다움이 있어야 합니다. 선한 마음, 선한 생각, 그런 것들이 내 안에 있어야 하나님 나라를 누릴 수 있습니다. 하나님께서 주신 복으로 사람들을 사랑하고 용서해야 합니다. 그래야 그 하늘나라 복을 누릴 수 있고 그 사람도 누릴 수가 있습니다. 만약에 용서를 하지 못하면 우리는 하나님과 관계가 소통이 되지 않고 단절될 수도 있습니다. 좋으신 하나님을 누리는 하나님의 사람이 됩시다.

나의 묵상

____

____

____

____

금식할 때에 너희는 외식하는 자들과 같이 슬픈 기색을
보이지 말라 그들은 금식하는 것을 사람에게 보이려고
얼굴을 흉하게 하느니라 내가 진실로 너희에게 이르노니
그들은 자기 상을 이미 받았느니라
(마태복음 6:16)

하나님께 금식 기도할 때, 하나님과 나와의 일대일 관계 속에서 이루어지는 대화입니다. 그 어떤 사람도 끼어들 수 없는 하나님과 나와의 공간 속에서 이루어지는 대화입니다. 사람에게 보이려고 사람 앞에서 거룩한 척하는 것은 그 사람을 나와 하나님과의 공간 속에 끼어들게 하는 것입니다. 주님과의 친밀한 교제 속에서 나의 주인이신 예수님께만 마음을 드리고 물어봅시다. 사람을 주인으로 삼으면 안 된다, 는 말씀으로 묵상이 됩니다.

나의 묵상

____

____

____

____

너는 금식할 때에 머리에 기름을 바르고 얼굴을 씻으라
(마태복음 6:17)

하나님께 금식 기도할 때 단정하고 깨끗한 모습으로 금식 기도하라는 말씀으로 묵상이 됩니다. 주님께 나아갈 때는 우리의 모습이 하나님께서 보시기에 마음도 생각도 비워 놓고 주님께서 받으실만한 모습으로 나아갑시다. 주님께서 응답 주실 만한 마음 밭으로 가꾸어 나가셔야 됩니다.

나의 묵상

____

____

____

____

이는 금식하는 자로 사람에게 보이지 않고 오직 은밀한
중에 계신 네 아버지께 보이게 하려 함이라 은밀한 중에
보시는 네 아버지께서 갚으시리라
(마태복음 6:18)

우리의 마음은 주님의 것입니다. 주님과 나와의 공간
속에서 주님께만 마음을 보여 드려야 됩니다. 하나님 앞
에서는 부끄러울 일이 없습니다. 우리를 지으신 분이시
기 때문입니다. 주님께 마음과 생각을 드리면 하나님께
서 쉴만한 물가로 인도해 주시고 하나님의 때에 모든 걸
갚아 주실 것입니다.

나의 묵상

____

____

____

____

너희를 위하여 보물을 땅에 쌓아 두지 말라 거기는 좀과
동록이 해하며 도둑이 구멍을 뚫고 도둑질하느니라
(마태복음 6:19)

아무리 부자라도 땅에 쌓아 놓는 재산은 한계가 있습니다. 그리고 이 땅에 쌓아 놓는 재산은 언젠가는 없어지는 것이기 때문에 무의미하다는 말씀을 하십니다. 눈에 보이는 재산은 도둑맞을 수도 있고 없어질 수도 있습니다. 저희를 위해서 육의 재산을 이 땅에 쌓아 놓지 말라고 하십니다. 저희가 살아가면서 이 땅에 쌓아 놓는 재산은 무엇일까요? 욕심, 분노, 쾌락, 이기적인 마음들, 이런 것들이 혹시 육의 재산은 아닌지 생각해 봅니다.

나의 묵상

____

____

____

____

오직 너희를 위하여 보물을 하늘에 쌓아 두라 거기는
좀이나 동록이 해하지 못하며 도둑이 구멍을 뚫지도
못하고 도둑질도 못하느니라
(마태복음 6:20)

하늘에 쌓인 보물은 하나님의 마음으로 살아가는 아름다운 마음입니다. 이웃을 사랑하고 용서하는 마음, 배려하는 마음, 하나님께 순종하는 마음, 아름다운 선행들, 예수님의 이름으로 행하는 아름다운 것들이 될 수 있습니다. 그런 것들은 하나님께서 창고지기로 직접 맡아서 관리해 주시기 때문에 도둑이 가져갈 수 없는 것입니다. 하나님의 마음으로 살면 하늘에 보물이 쌓입니다. 그 보물로 저희가 천국에서 집을 짓고 사는 것입니다.

나의 묵상

____

____

____

____

네 보물 있는 그 곳에는 네 마음도 있느니라
(마태복음 6:21)

하나님의 마음으로 이 땅에서 살아낸 아름다운 것들이 귀한 하늘나라에 차곡차곡 보물로 쌓여 있습니다. 그곳에는 저희들의 마음이 있습니다. 주님이 저희와 같이 있습니다. 주님이 직접 하늘에 쌓인 보물을 맡아 주십니다.

나의 묵상

____

____

____

____

눈은 몸의 등불이니 그러므로 네 눈이 성하면 온 몸이
밝을 것이요
(마태복음 6:22)

영적인 눈을 말씀하신 것입니다. 육적인 눈으로만 세상을 살다 보면 영적인 눈은 뜨이지 않습니다. 그러면 세상을 분별하면서 살 수 있는 영적인 눈이 뜨이지 않습니다. 예수님의 마음을 받아들이고 그 사랑으로써 살아내면 영적인 눈이 뜨여서 저희 영혼이 밝아질 것입니다.

나의 묵상

____

____

____

____

눈이 나쁘면 온 몸이 어두울 것이니 그러므로 네게 있는
빛이 어두우면 그 어둠이 얼마나 더하겠느냐
(마태복음 6:23)

우리는 세상 속에서 하나님의 사람과 세상 사람 속에
서 서로 같이 살아갑니다. 육의 사람들은 이 땅의 일만
생각하고 살아갑니다. 그 사람들은 눈에 보이는 편안함
만을 누리려 합니다. 영의 일에는 관심이 없습니다. 하나
님께서 저희에게 주시는 것은 참으로 많습니다. 해, 달,
공기, 물, 그리고 집, 그리고 기타 등등, 여러 가지 사람이
살아갈 수 있게 환경을 만들어 주셨습니다. 육의 사람들
은 그 하나님께 감사함이 없습니다. 하나님께서 만들어
주신 그 환경에만 관심이 있습니다. 좋은 집, 좋은 차, 그
리고 훌륭한 직장 기타 여러 가지 등등, 물론 그런 것들도
살아기는데 필요합니다. 그러니 그런 것들을 허락해 주
신 하나님께 감사하는 마음이 우선입니다. 그 하나님의
성품대로 세상을 사는 영적 지혜가 우선입니다. 그런 지
혜가 없다면 그 사람의 영혼은 어둡게 될 것이라는 말씀
입니다.

나의 묵상

한 사람이 두 주인을 섬기지 못할 것이니 혹 이를 미워하고
저를 사랑하거나 혹 이를 중히 여기고 저를 경히 여김이라
너희가 하나님과 재물을 겸하여 섬기지 못하느니라
(마태복음 6:24)

세상과 하나님 중에 누구를 더 사랑할 것인지 누구를 더 중요하게 생각할 것인지 누구를 더 가볍게 생각할 것인지, 결정해야 한다는 예수님 말씀입니다. 육의 사람은 세상 것이 너무나도 크게 보입니다. 왜냐하면 하나님이 어떤 분인지 모르기 때문입니다. 또한 눈에 보이는 모든 것이 자기의 필요한 모든 육의 욕구를 채워 주기 때문입니다. 하지만 영원하지 않습니다. 하나님의 사람은 세상을 살아가면서 눈에 보이는 것들보다 하나님이 가장 크신 분이라는 걸 인정하고, 하나님만 사랑하면서 살아가야 됩니다. 그러면 하나님께서 세상 살아가는 모든 것들을 인도해 주십니다. 세상 물질이 우리의 길을 인도해 주지 않습니다. 하나님께서 우리가 살아가는 모든 삶을 이끌어 주시고 하나님의 방법대로 살아가는 것이 영원한 행복의 길이라는 걸 알게 해 주십니다. 하나님의 사람은 세상도 하나님과 똑같이 사랑하면서 살 수 없습니다. 그러면 하나님께서 그 사람을 바른길로 인도해 주지 않으실지도 모

릅니다. 영원한 행복의 길로 가기 원한다면 하나님만 사랑하면서 세상을 살아가야 합니다. 그러면 주님께서 세상에 필요한 것들을 주님의 때에 따라서 주님의 방법대로 저희를 먹이시고 쉴만한 물가로 인도해 주실 것입니다.

나의 묵상

____

____

____

____

그러므로 내가 너희에게 이르노니 목숨을 위하여
무엇을 먹을까 무엇을 마실까 몸을 위하여 무엇을 입을까
염려하지 말라 목숨이 음식보다 중하지 아니하며 몸이
의복보다 중하지 아니하냐
(마태복음 6:25)

삶의 우선순위를 정하라는 말씀입니다. 사람이 먼저인지 우리가 처해 있는 상황이 먼저인지 하나님이 먼저인지, 삶의 첫 번째 우선순위, 원칙을 세우면서 살아가라는 말씀입니다. 우선 하나님이 계시고 저희가 있습니다. 그러면 하나님께서는 우리를 지으셨기 때문에 그분의 목적이 있으십니다. 하나님께서 생명을 우리에게 주셨기 때문에 육의 몸을 입고 있어서, 생명을 유지하기 위해서는 음식도 필요하고 물도 필요합니다. 그리고 입을 옷도 필요합니다. 하지만 가장 중요한 것은 하나님이시고 그 모든 것을 공급해 주시는 분 또한 하나님이십니다. 하나님께서 주신 생명이기 때문에 생명이 가장 중요하고 생명을 지키기 위한 음식도 중요합니다. 그리고 의복도 중요합니다. 하지만 그런 것들로 염려하지 말라, 하십니다. 그 모든 것을 공급해 주시는 분이 하나님이시기 때문입니다. 그분께서 모든 열쇠를 가지고 계십니다. 우

리 인생의 우선순위에 하나님을 첫 번째로 둬야 하는 이
유입니다.

나의 묵상

____

____

____

____

공중의 새를 보라 심지도 않고 거두지도 않고 창고에
모아들이지도 아니하되 너희 하늘 아버지께서 기르시나니
너희는 이것들보다 귀하지 아니하냐
(마태복음 6:26)

하나님께서 지으신 것 중에 가장 귀한 것이 사람입니다. 공중의 새들도 하나님께서 먹이시고 기르시는데 하나님께서 지으신 것 중에 가장 귀한 사람을 하나님의 방법대로 먹이시지 않겠느냐는 말씀입니다. 모든 것은 하나님께서 세우신 창조의 질서가 있습니다. 새는 새대로 사람은 사람대로 하나님께서 하나님의 방법대로 먹이시는 방법이 있습니다. 우리는 그 하나님을 신뢰하고 순종해야 합니다. 내 생각대로 하나님께서 움직여 주지 않는다고 염려하고 근심하고 하나님을 원망해서는 안 됩니다. 그것은 인간적인 내 생각입니다. 하나님께서 먹이시는 방법이 가장 완벽한 방법입니다. 고난도 연단도 하나님께서 저희에게 필요해서 이루어 나가는 과정입니다. 그 하나님을 사랑하고 순종해야 하겠습니다.

나의 묵상

너희 중에 누가 염려함으로 그 키를 한 자라도

더할 수 있겠느냐

(마태복음 6:27)

세상 살아가는데 무슨 일들로 인해서 염려한다고 그 문제가 해결되지는 않습니다. 염려하면 염려할수록 그 문제가 점점 더 크게 느껴질 뿐입니다. 내려놓음에 대해서 말씀하십니다. 마음을 주님께 내려놓고 그 문제를 하나님께 드릴 때 그때부터 그 문제는 내 문제가 아니고 하나님께서 해결하셔야 하는 하나님의 문제가 됩니다. 내려놓음은 내 문제를 하나님께서 맡으시고 해결하셔야 하는 하나님의 문제로 만들어 드리는 것입니다. 저희는 하나님의 자녀이기 때문에 어린아이처럼 아버지께 그 문제를 드려도 됩니다. 그러면 주님이 더 기뻐하십니다.

나의 묵상

____

____

____

____

또 너희가 어찌 의복을 위하여 염려하느냐 들의 백합화가
어떻게 자라는가 생각하여 보라 수고도 아니하고 길쌈도
아니하느니라
(마태복음 6:28)

우리에게 세상 모든 염려를 내려놓고 평안하게 살게
하시고 싶은 하나님의 마음이 느껴집니다. 저희도 그러
고 싶은데 잘 내려놓지 못하는 세상 염려일 수 있습니다.
하지만 하나님께서 말씀하십니다. 공중의 새보다도 우
리가 더 귀하지 않냐고, 새들도 먹이시지 않냐고, 하물며
우리 사람이야 어떻겠느냐고. 들의 백합화는 하나님께
서 햇빛도 비춰 주시고 목이 마르면 비도 내려 주셔서 자
라나게 하십니다. 백합화는 어떤 수고도 길쌈도 하지 않
습니다. 그저 하나님께 몸을 내맡긴 채 하나님이 주시는
햇빛 받고 목마르면 빗물로 목을 축입니다. 우리 사람도
세상 살아갈 때 생기는 모든 염려를 하나님께 맡기고 웃
으면서 살아가 보는 건 어떨까요? 그저 좋으신 주님께 내
맡기면서.

나의 묵상

그러나 내가 너희에게 말하노니 솔로몬의 모든 영광으로도
입은 것이 이 꽃 하나만 같지 못하였느니라
(마태복음 6:29)

솔로몬은 하나님께 많은 은혜와 영광을 입은 사람입니다. 하나님께서 많은 것을 주신 왕입니다. 하지만 그 모든 영광도 하나님께서 기르시는 이 꽃 하나만 같지 못하다고 말씀하셨습니다. 그 이유는 사람은 자유의지가 있기 때문이라는 말씀으로 묵상이 됩니다. 우리가 하나님께서 주신 것들이 너무 많아서 그것으로 하나님께 감사해하고 영광을 돌리는 사람이 많습니다. 하지만 꽃은 자유의지가 없이 그냥 모든 걸 주님께 의지할 수밖에는 없습니다. 그냥 주님이 주시는 대로 살아갈 수밖에 없는 운명입니다. 어쩌면 그것이 하나님께서 가장 귀하게 받으시는 영광이 아닌가 생각해 봅니다. 하나님께서 기르시면 기르시는 대로 모든 걸 가져가시면 가져가시는 대로 그 하나님께 절대적으로 순종하고 의지할 수밖에 없는 운명이 하나님의 마음에 가장 합하고, 하나님께서 받으시는 가장 귀한 영광이 아닐까 생각해 봅니다. 사람은 그런 하나님을 이해하지 못할 때가 많습니다. 인간적인 생각과 자유의지가 있기 때문이라고 생각합니다. 저희를

사랑하셔서 모든 것을 주시고 자신의 하나밖에 없는 아들 예수 그리스도를 주신 그 하나님을 찬양합니다.

나의 묵상

____

____

____

____

오늘 있다가 내일 아궁이에 던져지는 들풀도 하나님이
입히시거든 하물며 너희일까보냐 믿음이 작은 자들아
(마태복음 6:30)

한낱 들풀의 인생도 감싸 주시고 자라나게 하시고 삶
이 다하는 순간까지 주님께서 어루만져 주십니다. 우리
네 삶은 주님과 함께 동행할 때 가장 귀한 삶으로 인도
하십니다. 하나님이 사람을 이 땅에 태어나게 하셨습니
다. 삶이 다하는 순간까지 주님 의지하고 사는 삶은 주
님의 보호 아래 있게 됩니다. 저희 인생의 모든 주권을
하나님께 두세요. 주님께서는 이 땅을 살아가게 하시고
하늘나라 갈 때까지 인도하실 것입니다. 주님만 의지하
는 삶은 절대 하나님께 실망하지 않을 것을 확신하고 신
뢰하십시오.

나의 묵상

____

____

____

____

그러므로 염려하여 이르기를 무엇을 먹을까 무엇을 마실까
무엇을 입을까 하지 말라
(마태복음 6:31)

　세상 속에서의 삶의 염려와 걱정에 대해서 말씀하십니다. 하나님은 우리가 모든 상황 속에서 주님의 방법을 의지하기를 바라십니다. 어떻게 먹게 하시는지, 어떻게 마시게 하시는지, 어떻게 입게 하시는지. 우리가 세상 속에서 많은 세상적인 문제와 맞닥뜨리게 됩니다. 세상적인 문제들을 하나님께만 의지하면 주님께서 그 문제를 어떻게 해결해 나가시는지 놀라운 경험을 하게 될 것입니다. 어떻게 사람을 붙여 주셔서 해결하시는지, 어떻게 도움의 손길을 주시는지, 그 하나님을 경험해야 합니다. 눈에 보이지 않는다고 하나님이 안 계시지 않습니다. 분명히 존재하시는 하나님이십니다.

나의 묵상

____

____

____

____

이는 다 이방인들이 구하는 것이라 너희 하늘 아버지께서
이 모든 것이 너희에게 있어야 할 줄을 아시느니라
(마태복음 6:32)

세상 사람들이 구하고, 갖고 싶어 하는 것은 그들의 노력에 의해서 가질 수도 있습니다. 그러나 그들은 그들의 노력만 의지할 뿐, 하나님을 알려고 하지 않습니다. 눈에 보이는 것들은 세상적인 힘과 돈이 있어야 가질 수 있다고 생각하기 때문입니다. 하나님의 사람은 알아야 합니다. 우리는 아주 작은 문제들을 하나님께 물어보지 않고 자신이 할 수 있다고 생각하고 자신의 방법을 의지하고 해결하려 할 때가 많습니다. 그럴 때 하나님께서 그 문제를 해결 안 해 주시고 틀어질 때가 많습니다. 오히려 기대를 안 하는 큰일은 하나님께서 쉽게 해결해 줄 때가 있습니다. 그 이유는 주님께 늘 기도하고 물어보는 습관을 기르고 기도와 말씀으로 주님께 늘 가까이하기를 바라시는 하나님의 마음입니다. 주님께 늘 묻고 기도하고 주님의 성품으로 살아간다면 우리에게 필요한 것이 무엇인지 너무나도 잘 아시는 하나님께서 모든 것들을 채워주실 줄을 믿습니다.

나의 묵상

그런즉 너희는 먼저 그의 나라와 그의 의를 구하라
그리하면 이 모든 것을 너희에게 더하시리라
(마태복음 6:33)

우리는 오늘을 살아가는 데 있어서 여러 가지 것들이 필요합니다. 하루의 삶을 살아가는 데 있어서 필요한 것들도 많고 많은 사람을 만나면서 사람들과의 관계 속에서 해결할 일들이 많습니다. 그러한 모든 일 속에서 하나님께서는 먼저 그의 나라와 그의 의를 구하라 하십니다. 그리하면 이 모든 것을 저희에게 주신다는 말씀을 하십니다. 이 말씀은 하루의 삶 속에서 그 상황 속에서 조금 손해 보는 일이 있더라도 인간적으로 좀 힘든 부분들이 있더라도 하나님의 마음으로 하나님의 것들을 붙잡으라는 말씀입니다. 그러면 주님께서 반드시 저희에게 더 풍성히 주시겠다는 말씀입니다. 예수님을 신뢰하고 하나님의 방법에 맡기고 하나님의 방법대로 살아가야 합니다.

나의 묵상

그러므로 내일 일을 위하여 염려하지 말라 내일 일은
내일이 염려할 것이요 한 날의 괴로움은 그 날로 족하니라
(마태복음 6:34)

하나님은 오늘도 계시고 내일도 계시고 영원하신 분이십니다. 시간과 공간의 제약을 받으시는 분이 아니신 무한하신 분이십니다. 그 하나님께서 말씀하십니다. 오늘은 오늘의 하나님께 맡기고 염려하지 말고, 내일은 내일의 하나님께 맡기고 염려하지 말라고 하십니다. 삶이 다하는 날까지 지켜주시겠다는 말씀입니다. 그날 있었던 괴로움과 자신의 아픔까지 주님께 맡기세요. 그날 있었던 일들은 자기 전에 주님께 맡기고 편하게 주무세요. 그날 있었던 아픔과 괴로움도 주님께서 해결해 주실 것을 믿으세요. 그리고 평안함 잠을 주무시기를 희망합니다.

나의 묵상

____

____

____

____

마태복음 7장

비판을 받지 아니하려거든 비판하지 말라
(마태복음 7:1)

하나님께서는 하나님만의 영역이 있으십니다. 우리가 세상 살아가면서 많은 일들을 겪으면서 살아갑니다. 그런데 어떠한 일을 겪더라도 비판을 받기 싫으면 남을 비판하지 말라고 하십니다. 남을 비판할 수 있는 분은 하나님밖에 안 계시며, 비판은 하나님의 영역입니다. 그래서 하나님께서 하지 말라고 하시는 것입니다. 그래서 만약 사람이 비판을 하게 되면 고스란히 그 사람에게 돌아오는 경우가 많습니다. 이것은 하나님께서 주시는 징계입니다. 하나님께서 하실 터이니 너희는 해서는 안 된다는 말씀입니다.

나의 묵상

____

____

____

____

너희가 비판하는 그 비판으로 너희가 비판을 받을 것이요
너희가 헤아리는 그 헤아림으로 너희가 헤아림을
받을 것이니라
(마태복음 7:2)

사람의 약속은 우리가 철석같이 믿고 있어도 깨지는 경우가 많습니다. 그러면 우리는 많이 실망하고 아파하면서 그 사람을 비판하는 경우가 있습니다. 하나님께서 저희에게 하신 약속은 깨지지 않습니다. 이스라엘 백성과 하신 약속도 이루셨고 하나님 말씀은 뭐든지 성취가 되었습니다. 사람을 못 믿어서도 안 되지만 하나님처럼 믿어서도 안 된다고 생각합니다. 우리가 하는 비판은 사람을 하나님처럼 믿기 때문에 그 믿음이 깨져서 하는 비판이 많습니다. 저희는 사람과의 관계 속에서 이것저것 생각들이 많습니다. 우리가 죄대한 손해 보시 않으려고 모든 관게 속에시 헤아리고 또 헤아립니다. 하지만 상대방도 똑같은 마음으로 똑같이 헤아릴 때가 많습니다. 헤아림 또한 주고받을 때가 많습니다. 우리가 상처 주면 상대방도 똑같이 상처 줄 때가 많습니다. 하나님의 사람은 무슨 선행을 하든지 사람과의 관계 속에서 베풀었으면 받을 생각하지 말고 베푼 그 순간 모든 것들을 잊어버리는 하나님의 사람이 되기를 바랍니다.

나의 묵상

어찌하여 형제의 눈 속에 있는 티는 보고
네 눈 속에 들보는 깨닫지 못하느냐
(마태복음 7:3)

우리는 상대방의 약점을 잘 봅니다. 하지만 우리 또한 결점이 많은 사람들입니다. 상대방의 결점을 통해서 나의 부족한 면을 발견해 그 결점을 고칠 수 있는 사람이 되기를 바랍니다.

나의 묵상

____

____

____

____

보라 네 눈 속에 들보가 있는데 어찌하여 형제에게
말하기를 나로 네 눈 속에 있는 티를 빼게 하라 하겠느냐
(마태복음 7:4)

사람이 사람을 변화시킬 수는 없다고 생각합니다. 우리 속에 계시는 성령님만이 상대방의 아픔을 위로하고 그 마음속에 아픔을 빼줄 수 있다고 생각합니다. 우리도 똑같은 사람입니다. 우리도 많은 약점과 아픔이 있습니다. 먼저 우리의 상태와 우리의 아픔을 하나님과의 관계 속에서 회복하는 것이 중요합니다.

나의 묵상

____

____

____

____

외식하는 자여 먼저 네 눈 속에서 들보를 빼어라 그 후에야
밝히 보고 형제의 눈 속에서 티를 빼리라
(마태복음 7:5)

하나님께서 주시는 사랑의 마음이 있으면 그 사람의 아
픔을 위로하고 빼줄 수 있다고 생각합니다. 우리 자신부
터 하나님과의 관계 회복이 우선입니다. 모든 것은 하나
님께서 하시는 일입니다,

나의 묵상

____

____

____

____

거룩한 것을 개에게 주지 말며 너희 진주를 돼지 앞에
던지지 말라 그들이 그것을 발로 밟고 돌이켜 너희를
찢어 상하게 할까 함이라
(마태복음 7:6)

하나님께서 우리를 사랑하셔서 이 땅에서 하나님의 자녀로 만들어 주셨습니다. 세상 속에서 삶을 살아갈 때, 우리가 다니는 직장 아니면 어디를 가더라도 하나님의 사람과 세상 사람들이 섞여서 세상을 살아가고 있습니다. 우리는 어디를 가더라도 빛의 자녀로서 영적 지혜가 있어야 되겠습니다. 다니다 보면 정말 뜻하지 않게 악인들을 만날 때도 있다는 것을 하나님께서 말씀해 주십니다. 악인들에게 우리 마음속에 거룩한 하나님을 아는 지혜와 지식을 말할 때 악인들이 그것을 우습게 알고 함부로 대할 수 있다고 생각합니다. 영적 지혜, 성령의 지혜로써 슬기롭게 대처해 나가야 하겠습니다.

나의 묵상

127

구하라 그리하면 너희에게 주실 것이요 찾으라
그리하면 찾아낼 것이요 문을 두드리라 그리하면
너희에게 열릴 것이니
(마태복음 7:7)

하나님께 구하세요. 우리에게 주신다고 하십니다. 하나님께 답을 찾으세요. 그러면 찾을 수 있다고 하십니다. 하나님은 누구나 자기를 찾는 사람들을 외면하지 않고 다 만나 주십니다. 하나님의 문을 두드리세요. 그러면 열린다고 하십니다.

나의 묵상

____

____

____

____

구하는 이마다 받을 것이요 찾는 이는 찾아낼 것이요
두드리는 이에게는 열릴 것이니라
(마태복음 7:8)

이 성경 구절에 대해 사람들은 이렇게 말할 수도 있습니다. 구했다고, 그런데 구하지 못했다고. 찾았다고, 그런데 찾지 못했다고. 두드렸다고, 그런데 열리지 않았다고. 하나님은 사람의 생각과 다릅니다. 우리가 구하고, 찾고, 두드리는 문제는 하나님께서 원하시는 때에 모든 일들이 이루어지게 됩니다. 우리는 우리 생각대로 일이 되지 않았다고 해서 하나님에 대한 신뢰를 저버리면 안 됩니다. 끝까지 말씀을 붙잡고 하나님을 신뢰하셔야 합니다.

나의 묵상

____

____

____

____

너희 중에 누가 아들이 떡을 달라 하는데 돌을 주며
생선을 달라 하는데 뱀을 줄 사람이 있겠느냐
너희가 악한 자라도 좋은 것으로 자식에게 줄 줄 알거든
하물며 하늘에 계신 너희 아버지께서 구하는 자에게 좋은
것으로 주시지 않겠느냐
(마태복음 7:9~11)

세상 부모도 자식이 원하는 일이라면 가장 좋은 걸 주고 싶어 하고, 주십니다. 하물며 하늘 아버지께서 저희에게 가장 중요하고 필요한 것을 주시지 않겠습니까? 아무리 악인이라도 사랑하는 자식은 있습니다. 그들도 자기 자식은 사랑합니다. 그들도 자기 자식에게 자기가 가진 가장 좋은 것을 주고 싶어 합니다. 하나님께서는 가장 귀한 예수님을 저희에게 보내주신 분이십니다. 자기의 하나밖에 없는 아들도 저희에게 보내주신 분이십니다. 그분을 통해서 저희에게 영생을 주셨고 천국을 주셨습니다. 우리 영혼의 영생을 위해서 가장 소중한 걸 주신 하나님이십니다. 모든 걸 주셨습니다.

나의 묵상

그러므로 무엇이든지 남에게 대접을 받고자 하는 대로
너희도 남을 대접하라 이것이 율법이요 선지자니라
(마태복음 7:12)

하나님의 일은 하나님의 사랑으로서 사람들을 사랑하
고 존귀하게 여기는 것이 하나님의 일입니다. 그것이 하
나님의 율법이고 선지자라고 할 수 있겠습니다. 비록 우
리가 이 땅에서 사람들에게 존귀한 대접을 받지는 못하
더라도 저희는 사람들을 존귀하게 대접하고 하나님의 사
랑으로 대접해 줘야 합니다. 그러면 하나님께서 저희 하
나님의 사람들을 존귀하게 대접합니다. 하나님은 사랑의
율법을 완성하신 분이십니다. 그 율법을 실행하고 사랑
하는 저희가 하나님의 선지자라고 할 수 있을 것입니다.

나의 묵상

____

____

____

____

좁은 문으로 들어가라 멸망으로 인도하는 문은 크고
그 길이 넓어 그리로 들어가는 자가 많고 생명으로
인도하는 문은 좁고 길이 협착하여 찾는 자가
적음이라

(마태복음 7:13~14)

좁은 문은 예수님께서 가신 그 길을 말씀하십니다. 사랑과 용서의 십자가의 길입니다. 이 땅에서 좁은 길을 걷는 것이 그리 쉽지가 않습니다. 그래서 많은 사람들이 그 길을 가지 않고 육적으로 편안한 길을 갑니다. 좁은 문으로 들어가는 길은 자신의 희생과 헌신의 삶을 말씀합니다. 자기의 육적인 삶이 조금 손해 보고 힘들더라도 희생과 헌신의 마음으로 나누고, 사랑하고, 자신에게 아픔을 준 사람을 용서하는 삶을 사는 길을 말씀하십니다. 지금 이 땅에서 많은 사람들이 이 길을 가지 않고 자신의 것을 나누지 않고 손해 보지 않고 자기 육신의 욕심을 누리고 사는 사람들이 많습니다. 그 길이 멸망으로 가는 넓은 길입니다. 그렇게 살다가 언젠가 심판대 앞에서 예수님이 물어볼 날이 올 것입니다. 사람은 영원히 살 수 없는 존재입니다. 이 땅에서 생명의 길을 가야만 천국에서 예수님과 같이 영원한 삶을 누릴 수가 있습니다. 살아 있을 때,

기회가 있을 때, 예수님을 영접하고 십자가의 길을 가야
생명으로 인도하는 문에 들어갈 수 있습니다.

나의 묵상

____

____

____

____

거짓 선지자들을 삼가라 양의 옷을 입고 너희에게
나아오나 속에는 노략질하는 이리라
(마태복음 7:15)

하나님을 믿는다고 하는 사람들 중에도 겉모습만 하나님을 믿는 사람처럼 보이는 사람들도 있습니다. 그 사람들은 하나님 말씀을 가지고 다른 목적이 있습니다. 돈에 목적이 있는 사람도 있고, 올바르지 못한 성경 해석으로 사람들의 영혼을 망가뜨리는 거짓 선지자들도 있습니다. 우리 하나님의 사람은 올바른 신앙과 건전한 교회에서 신앙생활을 하고 목사님께 말씀을 배우는 것이 중요하겠습니다. 기도와 말씀으로 영적 분별력을 키워서 거짓 선지자에게 속지 않아야 합니다.

나의 묵상

____

____

____

____

그들의 열매로 그들을 알지니 가시나무에서 포도를,
또는 엉겅퀴에서 무화과를 따겠느냐
(마태복음 7:16)

거짓 선지자들은 그들의 이중성으로 열매가 다릅니다. 그들 주위에는 분열이 있고, 화합이 없습니다. 온전한 하나님의 말씀이 없습니다. 그들이 하는 말씀과 그들의 열매를 보십시오. 올바르지 못한 열매를 보게 될 것입니다.

나의 묵상

____

____

____

____

이와 같이 좋은 나무마다 아름다운 열매를 맺고 못된
나무가 나쁜 열매를 맺나니
좋은 나무가 나쁜 열매를 맺을 수 없고 못된 나무가
아름다운 열매를 맺을 수 없느니라
(마태복음 7:17~18)

하나님의 귀한 사람은, 귀한 선지자는 하나님의 말씀대로 살면서 영혼을 살리는 데 하나님 말씀을 선포하고 하나님 말씀대로 살라고 가르치고 권면합니다. 하지만 올바르지 못한 거짓 선지자는 하나님 말씀대로 살지도 않으면서 올바르지 못한 하나님 말씀으로 자기식대로 성경 해석을 해서 자기의 육적인 욕구를 채우기 위해 하나님 말씀을 이용합니다. 올바른 하나님의 귀한 사람과 선지자는 그 열매가 참으로 아름답습니다. 많은 영혼들을 살리기 때문입니다. 귀한 선지자는 좋은 나무로서의 역할을 잘해서 귀한 열매, 즉 하나님의 사람들을 낳습니다. 잘못된 열매, 잘못된 사람들을 낳지 않습니다. 거짓 선지자는 못된 나무로서의 역할을 하므로 나쁜 열매, 잘못된 사람들을 낳습니다. 귀한 열매, 귀한 하나님의 사람들을 낳을 수 없습니다.

나의 묵상

아름다운 열매를 맺지 아니하는 나무마다 찍혀
불에 던져지느니라
(마태복음 7:19)

올바른 믿음과 올바른 하나님과의 관계 올바른 신앙생활은 굉장히 중요합니다. 진짜 도둑은 영혼을 훔치고 잘못된 길로 인도하는 사람이 진짜 도둑입니다. 하나님의 말씀을 자신의 욕망을 위해서, 사람들을 잘못된 길로 이끄는 사람들은 나중에 하나님께서 물어보실 날이 올 것입니다. 하나님 말씀은 영혼 살리는 일에만, 삶을 아름답게 예수님 말씀대로 사는 일에만, 선포해야 하겠습니다. 잘못된 거짓 선지자는 언젠가 주님 앞에 심판대 앞에서 심판받을 날이 올 것입니다.

나의 묵상

____

____

____

____

이러므로 그들의 열매로 그들을 알리라

(마태복음 7:20)

신앙생활의 열매는 사랑입니다. 마음속에 하나님을 사랑하고 사람들을 사랑하는 것, 영혼을 사랑하는 일이 귀한 열매입니다. 만약에 하나님을 사랑하지 못하고, 사람들을, 그 귀한 영혼을 사랑하지 못하면 그 열매는 없을 것입니다.

나의 묵상

나더러 주여 주여 하는 자마다 다 천국에 들어갈 것이
아니요 다만 하늘에 계신 내 아버지의 뜻대로 행하는
자라야 들어가리라
(마태복음 7:21)

우리는 우리가 하는 모든 일들이 주님을 위한 일이라고 다 확신할 수 있나요? 오직 주님만을 위해서 그 일을 한다고 자신할 수 있나요? 그것은 우리의 인간적인 확신일 수 있습니다. 하나님을 위해서 그 일을 한다고는 하지만 그 일이 나 자신만의 욕심을 위해서 하는 일일 수도 있습니다. 늘 기도와 말씀으로 깨어 있어야 하겠습니다. 주님을 찾는다고 다 천국에 들어가지 못한다고 하십니다. 오직 하늘에 계신 아버지의 뜻대로 행하는 자라야 천국에 들어갈 수 있다고 하십니다. 늘 영적으로 깨어서 주님 뜻을 분별할 수 있는 그리스도인이 되어야 하겠습니다.

나의 묵상

____

____

____

____

그 날에 많은 사람이 나더러 이르되 주여 주여 우리가
주의 이름으로 선지자 노릇하며 주의 이름으로 귀신을
쫓아 내며 주의 이름으로 많은 권능을 행하지
아니 하였나이까 하니
(마태복음 7:22)

심판 날에 하나님께서 우리에게 물어보실 때, 우리는 얼마나 떨릴까요? 주님께서 물어보실 때 우리는 어떤 변명을 해야 할까요? 주님의 이름으로 귀신도 쫓아내고 주님의 이름으로 많은 권능도 행했다고 주님의 이름으로 하나님의 일을 열심히 했다고 말하는 게, 혹시 내가 그런 말을 하고 있는 건 아닌지 주님 앞에 변명하는 사람이 혹시 내 모습은 아닌지 묵상해 봅니다.

나의 묵상

____

____

____

____

그 때에 내가 그들에게 밝히 말하되 내가 너희를 도무지
알지 못하니 불법을 행하는 자들아 내게서 떠나가라
하리라
(마태복음 7:23)

하나님의 일을 누구보다 열심히 했다고 생각하는 사람들이 주님께서 이런 말씀들을 하실 때, 얼마나 당황스럽고 떨릴지 생각해 봅니다. 하나님께서 생각하시는 하나님의 일은 무엇일까, 생각해 봅니다. 이런 마음이 듭니다. 사랑으로 행하지 않은 일, 나의 만족과 나의 욕심으로 행하면서 하나님의 사랑으로 행하였다고 생각하는 일, 아마도 예수님께서는 이런 점을 책망하시는 건 아닌지 묵상해 봅니다.

나의 묵상

____

____

____

____

그러므로 누구든지 나의 이 말을 듣고 행하는 자는 그 집을
반석 위에 지은 지혜로운 사람 같으리니
(마태복음 7:24)

우리가 하나님의 일을 하면서 생각해야 될 일은 '나'라
는 반석 위에 집을 짓지 않고 '예수 그리스도'라는 반석 위
에 집을 지어서 기초가 튼튼하게 해야 된다는 것입니다.
'나'라는 반석 위에 지은 집은 기초가 튼튼하지 못해서 언
제든지 무너질 수 있지만, '예수 그리스도'라는 반석 위에
지은 집은 튼튼해서 무너지지 않는다는 말씀입니다. 하
나님 말씀으로 집을 지어서 절대 무너지지 않는 지혜로운
하나님의 사람이 됩시다.

나의 묵상

____

____

____

____

비가 내리고 창수가 나고 바람이 불어
그 집에 부딪치되 무너지지 아니하나니
이는 주추를 반석 위에 놓은 까닭이요
(마태복음 7:25)

예수 그리스도라는 반석 위에 지은 집은 아무리 풍파가 들이닥친다고 해도 절대 무너지지 않는다는 말씀입니다. 인생에는 여러 가지 풍파가 많습니다. 큰일이든 작은 일이든 예수님만 의지하면서 그 모든 풍파를 이겨내실 수 있습니다. 주님이 가장 튼튼한 반석이 되어 주실 것입니다.

나의 묵상

____

____

____

____

나의 이 말을 듣고 행하지 아니하는 자는 그 집을
모래 위에 지은 어리석은 사람 같으리니 비가 내리고
창수가 나고 바람이 불어 그 집에 부딪치매 무너져
그 무너짐이 심하니라
(마태복음 7:26~27)

사람의 모든 삶과 모든 행사와 저희가 하는 모든 일에 그리고 저희가 가는 모든 곳에 예수님의 마음과 생각이 항상 동행되시기를 바랍니다. 하나님의 말씀은 우리가 그 말씀을 듣고 행하고 삶으로 지켜나갈 때, 더 큰 하나님의 은혜가 있습니다. 그 말씀을 지키지 못할 때 오히려 인생의 어려움이 많이 있을 수 있습니다. 우리가 모든 일을 할 수 있는 것 같아도 주님께서 함께 해 주시지 않으면 아무것도 할 수 없는 나의 모습을 때로는 발견하고는 합니다. 주님의 생각이 가장 선하시고 지혜롭습니다. 주님의 생각과 반대되는 저의 생각이 가장 어리석은 생각임을 주님 앞에 고백하고 회개합니다.

나의 묵상

예수께서 이 말씀을 마치시매 무리들이 그의 가르치심에
놀라니 이는 그 가르치시는 것이 권위 있는 자와 같고
그들의 서기관과 같지 아니함일러라
(마태복음 7:28~29)

세상에서 아무리 권위 있는 가르침이라도 예수님 말씀
한 구절에 비교할 수가 없습니다. 왜냐하면 세상 가르침
은 생명을 살리는 말씀이 아니기 때문입니다. 예수님의
말씀은 생명의 말씀입니다. 영원히 살 수 있는 말씀이고
영혼을 사랑하는 말씀입니다. 세상 가르침과는 비교가
되지 않습니다.

나의 묵상

____

____

____

____

마치며

예수님께서 산상수훈을 통해서 하나님 나라를 알려주셨고 말씀을 통해 하나님 나라를 선포하셨습니다. 또, 하나님 나라의 자녀가 되는 길도 제시해 주셨습니다. 한 번뿐인 인생입니다. 이 땅에서 하나님 말씀대로 이 땅에서 하늘의 복을 누리고 하나님 뜻대로 잘 살아서, 이 땅에서 우리 인생의 마지막 날 하나님 나라에서 예수님을 만나서 영원한 하나님 나라에서 행복하게 살아야 하겠습니다.

산상수훈
묵상집

ⓒ 김성훈, 2026

초판 1쇄 발행 2026년 4월 20일

지은이   김성훈
펴낸이   이기봉
편집   좋은땅 편집팀
펴낸곳   도서출판 좋은땅
주소   서울특별시 마포구 양화로12길 26 지월드빌딩 (서교동 395-7)
전화   02)374-8616~7
팩스   02)374-8614
이메일   gworldbook@naver.com
홈페이지   www.g-world.co.kr

ISBN   979-11-388-5868-7 (03230)